MW01247876

wprowadzając w życie duchowe wartości

Przemówienie
Śri Mata Amritanandamayi

Wygłoszone z okazji inauguracji
programu 150. rocznica urodzin
Swamiego Vivekanandy

Audytorium Sirifort, New Delhi
11 stycznia 2013 r.

Mata Amritanandamayi Center, San Ramon
Kalifornia, Stany Zjednoczone

Chronisz świat wprowadzając w życie duchowe wartości

Tłumaczenie z języka malajalam na angielski: Swami Amritaswarupananda

Wydawnictwo:
Mata Amritanandamayi Center
P.O. Box 613
San Ramon, CA 94583
Stany Zjednoczone

– *Practice Spiritual Values and Save the World (Polish)* –

Pierwsze wydanie MA Center: może 2016

W Polsce: www.amma–polska.pl

W Indiach: www.amritapuri.org
inform@amritapuri.org

Przedmowa

15 lutego 2013 r.

Swami Vivekananda był, bez wątpienia, najwybitniejszym apostołem duchowego i kulturowego odrodzenia Indii w XIX wieku. Z dumą i podziwem wspominamy wielką misję, której podjął się ten hinduski mędrzec, głosząc przesłanie powszechnego braterstwa, harmonii między religiami oraz pokojowego współistnienia społeczeństw i państw. Mając tego świadomość, głosił, że religia jest wielką mocą łączącą ludzi, oraz że wszystkie religie powstały ze szlachetnej intencji doprowadzenia każdej istoty do oświecenia, społecznego rozwoju i pełnego urzeczywistnienia. Drogi mogą

3

być różne, lecz ostateczny cel jest jeden. Istotą wszystkich religii jest miłość, współczucie i oddanie. Kiedy uświadomimy sobie sedno tej idei i będziemy żyć w zgodzie z obowiązującymi naukami różnych religii, zaczniemy szanować każdego człowieka, niezależnie od kasty, przekonań, religii czy pochodzenia. Miłość i troska o naszych bliźnich jest mantrą pokoju i harmonii.

Inspirująca osobowość i dar elokwencji uczyniły na całym świecie ze Swamiego Vivekanandy symbol młodzieńczego entuzjazmu. Uosabiał on duchowe przesłanie Indii, kwintesencję indyjskiej filozofii, którą czynił zrozumiałą i komunikatywną dla dobra całego świata. Jego religią była nieustraszoność. Wzywał młodzież do przebudzenia, powstania i kontynuacji działania aż do osiągnięcia ostatecznego celu.

Mata Amritanandamayi Devi, powszechnie znana na świecie jako Amma, składa hołd Swamiemu Vivekanandzie z okazji 150. rocznicy jego urodzin. Amma wyjaśnia istotę nauk Swamiego Vivekanandy przytaczając proste historie z codziennego życia. Wzywa nas do zachowania czystości i witalności umysłu, pielęgnowania wartości, oczyszczenia umysłu z okrucieństwa, wprowadzenia w życie cennych nauk naszej starożytnej kultury, podążania drogą *dharmy* oraz prowadzenia wartościowego życia wolnego od lęku. Podobnie jak Swami Vivekananda, Amma zachęca nas, abyśmy dążyli do urzeczywistnienia naszej bezgranicznej wewnętrznej mocy. Przesłaniem Ammy jest także ochrona natury oraz stabilność ekologiczna.

Nie ma potrzeby przedstawiania Ammy. Moja znajomość i współpraca z Ammą rozpoczęła się w połowie lat dziewięćdziesiątych, kiedy byłem premierem Kerali. Z wielkim zainteresowaniem i wzruszeniem przyglądam się pełnej oddania służbie Ammy, którą pełni wobec całego społeczeństwa, a także pomocy i pocieszeniu, jakie niesie potrzebującym i zrozpaczonym. Nieoceniony jest wkład Ammy w promowanie możliwości powszechnego dostępu do edukacji i opieki zdrowotnej. Amma szerzy przesłanie powszechnej miłości i braterstwa, które jest uznawane i cenione na całym świecie. Dlatego to właśnie Amma jest najbardziej odpowiednią osobą, aby wygłosić swoje cenne i uświadamiające przesłanie z okazji 150. rocznicy urodzin Swamiego Vivekanandy.

(A.K. Antony)

A. K. Antony
Minister Obrony Narodowej Indii

Om Amriteswaryai Namah

Wstęp

12 stycznia 2013 r. minęła 150. rocznica urodzin Swamiego[1] Vivekanandy, entuzjastycznego
sannjasina[2] z Kalkuty, znanego z przybliżania
Zachodowi indyjskiej duchowości oraz inspi-
rowania innych do przeprowadzenia reformy
religijnej i duchowego odrodzenia w Indiach.
Rocznica nie była jednodniowym wydarzeniem,
lecz zapoczątkowała całoroczne obchody – od
Kaszmiru po Przylądek Komoryn, od Gudżara-
tu do Orisy. Podobnie, jak Swami Vivekananda
podróżował po wielu krajach, tak uroczystości
150. rocznicy jego urodzin nie ograniczyły się
jedynie do Indii, lecz były obchodzone na całym
świecie.

11 stycznia 2013 r., dzięki Swami Vivekananda Sardhashati Samaroh Samhiti w Audytorium Sirifort w New Delhi, odbyło się spotkanie
otwierające całoroczne obchody. Na prośbę tej

---

[1] Pełen szacunku tytuł nadawany zakonnikom i osobom
duchownym. (przyp. tłum.)
[2] Osoba, która przyjmuje sannjasę - wyrzeczenie świata;
mnich. (przyp. tłum.)

organizacji, Śri Mata Amritanandamayi Devi – nasza ukochana Amma – wygłosiła inauguracyjne przemówienie.

Audytorium Sirifort było wypełnione po brzegi. Przybyli najlepsi i najznakomitsi w Indiach – politycy, działacze społeczni, pedagodzy, przywódcy duchowi i religijni oraz ci, którzy poświęcili życie dla rozkwitu świetności Indii. Amma rozpoczęła swój *satsang*[3] od wyrażenia uznania dla Swamiego Vivekanandy jako ucieleśnienia czystości umysłu i dynamicznego działania – kogoś, kogo życie i przesłanie miało moc rozpalania ognia duchowości w ludzkich sercach. Amma wkrótce wyjaśniła jednak, że z jej perspektywy Indie dalekie są od spełnienia wizji, jaką Vivekananda miał dla swojego kraju. „Nauczyliśmy się latać jak ptaki i pływać jak ryby, lecz zapomnieliśmy żyć jak istoty ludzkie", stwierdziła Amma. Wygląda na to, że musimy od nowa nauczyć się tej umiejętności. Jak to uczynić? To jest możliwe wyłącznie poprzez

---

[3] 1. Spotkanie, na którym guru wykłada uczniom swoje nauki lub przekazuje duchową wiedzę. 2. Zgromadzenie uczniów, podczas którego są czytane i rozważane święte pisma lub duchowe nauki. (przyp. tłum.)

poznanie samych siebie. Powinniśmy poddać analizie to, kim naprawdę jesteśmy. Dlaczego? Ponieważ to nie kosmos, nie wiatr, nie ocean, nie pory roku, przyroda czy zwierzęta są przyczyną problemów tego świata, lecz my, ludzie – nasze umysły.

W ciągu następnych 40 minut Amma dokładnie określiła istotę różnorodnych problemów, z jakimi borykają się Indie; zaniedbywanie przez obywateli obowiązku pielęgnowania starożytnej duchowej kultury i życia zakorzenionego w ponadczasowych wartościach, które stanowią jej podstawę. Słowa Ammy były bezpośrednie i dosadne.

Mówiła: „W rzeczywistości, sami stworzyliśmy większość problemów, które teraz należy rozwiązać za pomocą *Sanatana Dharmy [Odwiecznej Drogi Prawości]*. Możemy obwiniać innych i wskazywać na wpływ globalizacji, obcych rządów i różnych religii – może faktycznie, do pewnego stopnia są one winne, lecz nie są główną przyczyną. Zasadniczym powodem jest nasze niedbalstwo; nie udało nam się uszanować i ochronić nieocenionego bogactwa, jakim jest ta kultura. A ściślej, nie byliśmy dostatecznie odważni, aby tego dokonać. Sami kopiemy grób, w którym kultura bezkresnej, odwiecznej mądrości może zostać pogrzebana".

Mimo że obraz, jaki Amma przedstawiła, wydawał się często ponury, jej przemówienie nie było, pod żadnym względem, fatalistyczne. "Nadal nie jest za późno", stwierdziła Amma. "Jeśli podejmiemy szczere wysiłki, wciąż jeszcze możemy przywrócić *dharmę*[4]. Jak możemy ją ochronić? Jedynie przez jej przestrzeganie. Tylko dzięki przestrzeganiu i praktykowaniu *dharmy* może przetrwać jakakolwiek kultura".

Przemówienie Ammy było, w istocie, zarysem reformy Indii - zarysem, który uwzględniał potrzebę całościowej transformacji, ze szczególnym wskazaniem specyficznych problemów, takich jak: brak duchowej świadomości wśród hinduskiej młodzieży, konieczność ochrony zasobów naturalnych oraz środowiska, potrzeba akceptacji między wyznaniami, potrzeba ochrony tak bardzo podatnej na wpływy młodzieży przed niedwuznaczną pornografią oraz

---

[4] Dharma – podstawa ludzkiej etyki, obowiązek społeczny i religijny, droga prawości i właściwego postępowania, a także zasługa religijna. (przyp. tłum.)

konieczność pielęgnowania pełnej współczucia postawy, a także gotowości służenia społeczeństwu, zarówno wśród młodzieży, jak i dorosłych.

Amma zakończyła swoje wystąpienie modlitwą. „Indie muszą się podnieść", powiedziała. „Głos mądrości, samourzeczywistnienia i odwieczne słowa naszych *ryszich* [starożytnych mędrców] powinny znów rozbrzmiewać na całym świecie. Aby to osiągnąć, musimy współpracować w jedności. Niech kraj, który nauczył świat prawdziwego znaczenia akceptacji, pozostanie mocno zakorzeniony w tej wartości. Niechaj donośny dźwięk odrodzonej na nowo *Sanatana Dharmy [Odwiecznej Drogi Prawości]* rozbrzmiewa echem na całym świecie. Swami Vivekananda był jak tęcza, która ukazała się na horyzoncie ludzkości, by pomóc nam zrozumieć piękno i wartość życia, w którym działanie połączone jest ze współczuciem i medytacją. Niech piękne marzenie Swamiego Vivekanandy o miłości, odwadze i jedności stanie się rzeczywistością".

Na sali rozległy się gromkie oklaski. Wszyscy zgromadzeni w Audytorium Sirifort zrozumieli, że Indiom został przedstawiony skuteczny przepis na odrodzenie, przez kogoś, kto sam jest ucieleśnieniem wartości zawartych w indyjskiej kulturze. Nakreślony został zarys reformy. Teraz musimy zrobić wszystko, żeby to urzeczywistnić.

Swami Amritaswarupananda Puri
Wiceprzewodniczący
Mata Amritanandamayi Math

Chronisz świat wprowadzając w życie duchowe wartości

Amma składa pokłon wszystkim, którzy jesteście ucieleśnieniem czystej miłości i Najwyższej Świadomości.

Przede wszystkim, Amma chciałaby wyrazić ogromną radość z możliwości uczestniczenia w obchodach 150. rocznicy urodzin Swamiego Vivekanandy. Nawet za 150 kolejnych lat, jego życie i przesłanie będą tak samo ważne, jak dziś. Jego życie i przesłanie będą nadal inspirować ludzi, ponieważ Swami Vivekananda był człowiekiem, którego charakter stanowił doskonałe połączenie czystego umysłu z prężnym działaniem.

„Wybierz jedną ideę. Uczyń ją jedyną ideą swojego życia – myśl o niej, śnij o niej, żyj nią. Wypełnij nią mózg, mięśnie, nerwy, każdą część twego ciała. Odrzuć wszystkie inne idee. Taka jest droga do sukcesu, droga, na której rodzą się duchowi giganci". Tak brzmiało inspirujące przesłanie Vivekanandy dla świata. Jego słowa mają moc budzenia duchowego potencjału, drzemiącego w ludzkości, siłę, która rozniecа

ten potencjał jak ogień i rozprzestrzenia go do wielkości pożaru trawiącego las. Obecnie żyjemy w świecie, w którym ceni się osiągnięcie natychmiastowej satysfakcji, stale poszukuje „bardziej zielonej trawy" po drugiej stronie płotu. Jeśli rozważymy słowa Swamiego Vivekanandy, mogą one pomóc zainspirować potężną, choć pokojową, duchową rewolucję. Rewolucję, która nie wybuchnie na zewnątrz, lecz wewnątrz – transformację opartą na wartościach.

Z materialistycznego punktu widzenia, ludzkość wznosi się coraz wyżej, osiągając szczyty sukcesów. Posiada obecnie w swych rękach wiele osiągnięć, które kiedyś wydawały się nierealne, wręcz niewyobrażalne. Jednak żadne z nich nie ma mocy, by usunąć choć odrobinę okrucieństwa, które nagromadziło się w ludzkich sercach. Chwast okrucieństwa rozplenił się do takiego stopnia, że przywiódł ludzkość na skraj ogromnej katastrofy.

Nauczyliśmy się latać jak ptaki i pływać jak ryby, lecz zapomnieliśmy żyć jak istoty ludzkie. Wygląda na to, że musimy od nowa nauczyć się tej umiejętności. Jak to uczynić? To jest możliwe wyłącznie poprzez poznanie samych siebie.

Powinniśmy poddać analizie to, kim naprawdę jesteśmy. Dlaczego? Ponieważ to nie kosmos, nie wiatr, nie ocean, nie pory roku, przyroda czy zwierzęta są przyczyną problemów tego świata, lecz my, ludzie – nasze umysły.

Częścią ludzkiej natury jest tworzenie problemów, aby następnie gorączkowo próbować je rozwiązać. W dzisiejszych czasach posiadamy wiedzę, lecz brak nam świadomości. Posiadamy informacje, lecz nie mamy *viveki* [umiejętności właściwego rozróżniania]. Wiemy, oczywiście, że mamy głowę, ale zdajemy sobie sprawę z tego faktu dopiero wtedy, gdy nas rozboli.

Słyszeliście zapewne historię o człowieku, który po wypiciu łyżki lekarstwa zauważył na butelce etykietkę z napisem: „Mocno wstrząsnąć przed użyciem". Zdając sobie sprawę, że nie zastosował się dokładnie do zaleceń, po chwili zastanowienia zaczął skakać potrząsając ciałem najmocniej, jak potrafił.

Podobnie jak ów człowiek, często próbujemy naprawiać nasze błędy, kiedy jest już za późno. W rzeczywistości, sami stworzyliśmy większość problemów, którym człowiek musi teraz stawić czoła, kierując się zasadami *Sanatana Dharmy [Odwiecznej Drogi Prawości]*.

Możemy obwiniać innych i wskazywać na wpływ globalizacji, obcych rządów i różnych religii – może faktycznie, do pewnego stopnia są one winne, lecz nie są główna przyczyną. Głównym powodem jest nasze niedbalstwo; nie udało nam się uszanować i ochronić nieocenionego bogactwa, jakim jest ta kultura. A ściślej, nie byliśmy dostatecznie odważni, aby tego dokonać. Sami kopiemy grób, w którym kultura bezkresnej, odwiecznej mądrości może zostać pogrzebaną.

Nadal nie jest za późno. Jeśli podejmiemy szczere wysiłki, wciąż jeszcze możemy przywrócić *dharmę*. Jak możemy ją ochronić? Jedynie przez jej przestrzeganie. Tylko dzięki przestrzeganiu i praktykowaniu *dharmy* może przetrwać jakakolwiek kultura. Amma nie wymaga od was surowej ascezy, lecz prosi, żeby w życiu praktykować choć trochę *dharmy*, tyle, na ile was stać. Pan Kryszna powiedział: „Na tej ścieżce nie ma strat. Praktykowanie dharmy, choćby w niewielkim stopniu, pomoże wam przekroczyć wasze największe lęki".[1] *Ścieżka dharmy* jest jedyną drogą na świecie, po której krocząc nie doświadczymy niepowodzenia.

Nie ma większego lęku, niż lęk przed śmiercią. Powinniśmy odważnie chronić nasze wedyjskie dziedzictwo poprzez przyswojenie zawartej w nim mądrości, gdyż uczy nas nawet tego, jak przekroczyć lęk przed śmiercią. „Nie potrafię tego zrobić" należy zamienić w zdecydowane: „Tylko ja mogę tego dokonać". Jest to szczególnie ważne, zwłaszcza w odniesieniu do młodych umysłów, ponieważ to młodzież będzie odpowiedzialna za przekazanie nauk naszego dziedzictwa przyszłym pokoleniom.

Zapamiętajcie słowa Swamiego Vivekanandy: „Kilkoro szczerych, pełnych zapału i energii mężczyzn i kobiet może więcej zdziałać w ciągu roku, niż wielka rzesza ludzi przez cały wiek". Powiedział on również: „Bohaterowie cieszą się życiem na ziemi. To jest niezawodna prawda. Bądź bohaterem. Powtarzaj: 'Nie lękam się'. Mów to innym: 'Nie lękaj się'".

---

[1] nehabhikramanaso sti pratyavayo na vidyate
svalpamapyasya dharmasya trayate mahato bhavat
[Bhagavad-Gita 2.40]

Obecnie zgubą hinduskiego społeczeństwa jest lęk – lęk przed praktykowaniem własnej religii. Kiedy człowiek zapomniał o Pięciu Matkach - *Weda Mata, Desza Mata, Deha Mata, Prakriti Mata i Dżaganmata*[2], lęk zepchnął go w głębię mroku. Jednakże istotą *Sanatana Dharmy* [Odwiecznej Drogi Prawości] jest nieustraszoność. Lęk zrównuje życie ze śmiercią, osłabia moc naszych działań. Czyni nasz umysł niewolnikiem egoizmu i fałszu. Źródłem tego lęku jest poczucie: „Jestem słaby". Wynika to z braku świadomości tego, że istnieje w nas nieograniczona moc.

Pewnego razu przez wieś przejeżdżała ciężarówka, w której zapalił się silnik. Kierowca szybko pobiegł do budki telefonicznej i wezwał straż pożarną. Zanim przyjechali strażacy, przód samochodu był już doszczętnie spalony. Kiedy otworzyli ciężarówkę, z zaskoczeniem odkryli, że przewoziła gaśnice. Gdyby tylko kierowca wiedział, co znajdowało się wewnątrz jego samochodu, można było uniknąć nieszczęścia. Podobnie i my, wskutek naszych lęków, często

---

[2] Matka Weda, Ojczyzna (kraj Matki), biologiczna Matka, Matka Natura, Matka Ziemia.

nie zdajemy sobie sprawy z drzemiącej w nas mocy.

Lęk sprawia, że nasze umysły kurczą się i zasychają przypominając wyschnięte źródło. Ogranicza nasz świat do małej ciemnej komórki, przypominającej skorupę żółwia, do której to stworzenie się wycofuje na widok drapieżnika. Lęk pomniejsza naszą siłę do mikroskopijnych rozmiarów. Tracimy *atma shakti*[3]. Natomiast nieustraszony umysł jest rozległy jak niebo.

Jednak nie znaczy to, że lęk niczemu nie służy. Ma on swoją naturalną i pożyteczną funkcję. Na przykład, gdyby w domu wybuchł pożar, nierozsądne byłoby grać nieustraszonego i pozostać wewnątrz. Amma twierdzi jedynie, że nie powinniśmy dać się zniewolić lękowi.

Narodziny i śmierć są istotnymi elementami życia. Wydarzają się bez naszej zgody i bez uwzględniania naszych potrzeb. Jeśli życie jest mostem, to narodziny i śmierć są dwoma krańcami, które go podtrzymują i tworzą jego podstawę. Nie mamy żadnej kontroli nad tymi

---

[3] Dosłownie "moc Jaźni". Zaufanie i moc zdobyte ze zrozumienia tego, że nasza prawdziwa natura jest nieśmiertelna i nie jest w żaden sposób ograniczona.

dwoma fundamentalnymi elementami życia – narodzinami i śmiercią – które podtrzymują życie. Nie mamy o nich żadnego pojęcia. Jeśli tak jest, to jak możemy, logicznie rzecz biorąc, twierdzić, że środkowa część, którą nazywamy "życiem", należy do nas? Podobnie, dzieciństwo, wiek dojrzewania, młodość, dojrzałość i starość nie starają się o nasze pozwolenie na swe przyjście i odejście. Po prostu, wydarzają się. Uznaj tę prawdę i podejmuj takie działania, które będą podnosić na duchu zarówno ciebie – jednostkę, jak i społeczeństwo jako całość.

Swami Vivekananada powiedział kiedyś: „Skoro śmierć jest pewna, najlepiej jest poświęcić się jakiejś słusznej sprawie". Takie ideały, które są istotą *Sanatana Dharmy* [Odwiecznej Drogi Prawości], powinny być wpajane naszej młodzieży. Powinniśmy te ideały wcielać w życie, stając się w ten sposób wzorem dla innych. Jeśli przebudzi się młodzież, przebudzi się naród, przebudzi się świat. Jednakże dzisiejsza młodzież wydaje się być opanowana przez powszechną epidemię. Amma nie chce uogólniać, niektórzy młodzi ludzie widzą życie z bardziej dojrzałej perspektywy. Jednak ogromna większość z nich wygląda na zainteresowaną wyłącznie uciechami „fajnego" życia. Uważają idee duchowości, patriotyzmu oraz naszych świętych za głupie. Twierdzą: „To prymitywizm! To nie dla nas! To dla ludzi starych i leniwych". W rzeczywistości, to ludzie, którzy kpią i naśmiewają się z innych, są prawdziwymi głupcami. Ci, którzy potrafią zobaczyć własne słabości oraz ograniczenia i umieją się z nich śmiać, posiadają *Vivekę* [umiejętność właściwego rozróżniania]. Powinniśmy pomóc naszej młodzieży w rozwijaniu *Viveki*.

Istnieją tylko dwie części w stworzeniu: *atma i anatma* – jaźń i wszystko, co nią nie jest. Zazwyczaj nie interesuje nas poznawanie samych siebie. Staramy się poznawać tylko zewnętrzne obiekty i sytuacje.

Pewien człowiek zbliżał się do granicy dwóch państw, wioząc na motocyklu dwa duże worki. Celnik zatrzymał go i zapytał: „Co jest w tych workach?". „Tylko piasek" – odpowiedział motocyklista. „Naprawdę? Zaraz się przekonamy. Zejdź z motocykla" – rzekł celnik i wysypał zawartość worków na ziemię. Ale w workach rzeczywiście nie było nic poza piaskiem. Celnik postanowił jednak zatrzymać mężczyznę na noc, a piasek poddać analizie w celu wykrycia śladów złota, narkotyków czy też materiałów wybuchowych. Oprócz piasku jednak niczego nie znaleziono. Nie mając wyboru, celnik wypuścił mężczyznę i zezwolił, aby ten przekroczył granicę i odjechał z piaskiem. Tydzień później historia się powtórzyła. Celnik ponownie zatrzymał mężczyznę na noc, a rano pozwolił mu odjechać na motocyklu z dwoma workami piasku. Taki scenariusz powtarzał się wielokrotnie w ciągu kilku następnych miesięcy. Po jakimś czasie jednak, mężczyzna przestał pojawiać się na granicy. Pewnego dnia celnik zobaczył go w pobliskiej restauracji. Podszedł do niego i powiedział: „Hej, wiem, że coś ukrywasz, lecz nie wiem, co. Nie daje mi to spokoju! Nie mogę spać po nocach. Po prostu, nie mogę tego pojąć. Tak między nami, powiedz, dlaczego przemycasz zwykły, bezwartościowy piasek?". Mężczyzna uśmiechnął się i popijając drinka odrzekł: „Człowieku, ja nie przemycam piasku, ja przemycam kradzione motocykle".

Ponieważ cała uwaga celnika była skupiona na workach z piaskiem, nie dostrzegł on tego, co powinno być oczywiste – motocykla. Z nami

24

jest podobnie, ciągle koncentrujemy się tylko na tym, co zewnętrzne i przez to jesteśmy zagubieni. Zrozumienie istoty tego, co nas otacza, jest ważne, powinniśmy jednak uświadomić sobie również, kim sami jesteśmy.

Obecnie wielu ludzi praktykuje *asany* [pozycje jogi], żeby ich ciało stało się piękniejsze i silniejsze. Jest to modny trend wśród młodzieży, która jednak nie potrafi pojąć istoty bezcennego bogactwa stanowiącego serce jogi.

Boska Kosmiczna Moc, która tworzy i zarządza wszechświatem tak, by harmonijnie funkcjonował, ustanowiła określone prawa dla ludzkości. Zbiór tych praw nazywamy dharmą. *Dharma* posiada pewien rytm, brzmienie i melodię. Kiedy ludzkość przestaje myśleć i działać zgodnie z *dharmą,* zatraca się równowaga przyrody, a także ludzkiego umysłu. Główną przyczyną większości problemów istniejących w naszym kraju jest sposób myślenia i styl życia, które lekceważą naszą pradawną kulturę. Nasza młodzież powinna to sobie uświadomić. Jeśli jej dążenia i marzenia mają się urzeczywistnić, konieczna jest olbrzymia moc, błogosławieństwo wszechświata oraz wsparcie i ochrona sił Natury.

Nasza młodzież nie jest „do niczego", lecz „do wszystkiego"[4]; nie jest „niedbała", lecz „zaniedbana". Przyszłość Indii i całego świata spoczywa w rękach młodych ludzi. W nich samych tkwi źródło mocy niezbędnej do tego, aby obudzić nasze społeczeństwo. Jeśli młodzież przebudzi się, nasza przyszłość będzie zabezpieczona W przeciwnym razie, harmonia ludzkiego życia i całego wszechświata zostanie zakłócona.

Pewnego dnia w *aszramie* Ammy pojawił się 25-letni młodzieniec. Nosił czapkę obróconą daszkiem do tyłu i miał na czole znak z pasty sandałowej[5]. Podszedł do najstarszego rangą *sannjasina* i zapytał: „Wujku, gdzie w *aszramie* jest kuchnia?". *Sannjasin* był nieco zaskoczony, lecz tego nie okazał, tylko wskazał chłopcu drogę do kuchni. Po jakimś czasie, gdy młodzieniec wracał stamtąd, sannjasin przywołał go do siebie i z serdecznością w głosie spytał: „Synu, jak masz na imię?".

---

[4] W języku angielskim jest to gra słów: "good-for-nothing" - "good-for-everything" i "careless" - "uncared for" (przyp. tłum.)

[5] W tradycji hinduskiej wyznawcy nanoszą *tilak* – malując na czole tradycyjny znak z pasty sandałowej, świętego popiołu (cynobru lub ochry). (przyp. tłum.)

„Dżnianaprakasz" – odpowiedział chłopiec. (*Sannjasin* pomyślał pewnie: „Rodzice nadali mu piękne imię, Dżnianaprakasz – światło poznania. Dlaczego jednak poprzez niego nie przejawia się światło?").

Sannjasin zapytał młodzieńca:

– Synu, jak nazwałbyś osobę zatrudnioną w szpitalu, w białym fartuchu, ze stetoskopem?

– Lekarzem – odpowiedział chłopak.

– A jakbyś nazwał osobę pracującą w sądzie, noszącą czarne ubranie i krawat?

– Prawnikiem.

– Czy nie wiesz, że w *aszramie* do osoby, która nosi szaty w kolorze ochry, należy zwracać się „*swami*'? – zapytał.

Młodzieniec milczał przez chwilę, po czym ze skruchą odparł: „Przepraszam, Wujku". *Sannjasin* nie mógł powstrzymać się od śmiechu. Młodzieniec był Hindusem, osobą wierzącą w Boga i miał średnie wykształcenie. Brakowało mu jednak zrozumienia własnej kultury. Ten przykład ukazuje przykrą prawdę. Młodsze pokolenie nie zdaje sobie sprawy z wartości i wspaniałości własnego kraju, który jest znany jako święta ziemia *ryszich* [starożytnych

mędrców], kraju, który przekazał światu cenne światło duchowości. Jak do tego doszło? Jak możemy przekazać nowemu pokoleniu podstawową wiedzę i zrozumienie naszej kultury? Nasza wedyjska kultura jest światłem przewodnim dla całego świata. Obecnie jednak przechodzi kryzys. Powinniśmy się o nią zatroszczyć. Dlatego niezbędny jest tu nasz entuzjazm i gotowość, by włożyć w to trochę wysiłku. Wówczas dharma sama się ochroni. Musimy rozpocząć te starania tu i teraz. By tego dokonać, nasz rząd powinien kierować się wizją opartą na duchowych wartościach i współdziałać na rzecz lepszego zarządzania. Przywodzi to na myśl mantrę z Upaniszad, którą tak cenił Swami Vivekananda: „Powstań, przebudź się i nie ustawaj, dopóki cel nie zostanie osiągnięty".[6]

Nasze umysłowe i intelektualne możliwości są ograniczone. Ich żywotność jest krótkotrwała i w końcu zanikną. Dlatego powinniśmy zawierzyć całkowicie *atma szakti*. Do takiego przebudzenia odnosi się ta słynna mantra. Nie da się rozwinąć pełnej wiary w mgnieniu oka,

---

[6] uttishata jagrata prapya varannibodhata [Katha Upaniszada 1.3.14]

lecz jeśli wykonujemy nasze czyny z oddaniem, będziemy mieć siłę, aby iść naprzód w kierunku naszego celu.

Nasi wrogowie nie znajdują się na zewnątrz; są wewnątrz nas. Sami dla siebie jesteśmy wrogami. Nasza ignorancja oraz fakt, że staliśmy się niewolnikami naszych pragnień, a także nasze całkowite niezrozumienie natury życia, to słabości, które nas ograniczają.

Nauczyciel w szkole podstawowej zapytał uczniów: Dzieci, ile gwiazd na niebie dostrzegacie nocą?

Jedno dziecko odpowiedziało: Tysiące!

Drugie: Miliony!

Trzecie powiedziało: Miliardy!

Na koniec odpowiedziało najmłodsze dziecko w klasie: Trzy!

Tylko trzy gwiazdy? – zapytał nauczyciel. – Czy nie słyszałeś odpowiedzi swoich kolegów, którzy mówili, że tysiące i miliardy? Dziecko, jak to jest możliwe, że widzisz tylko trzy gwiazdy na niebie?

Chłopiec wyjaśnił: To nie moja wina. Okno w moim pokoju jest naprawdę małe!

Okno było jak rama. Chłopiec mógł zobaczyć tylko ograniczony oknem mały wycinek nieba. Podobnie my, jesteśmy ograniczeni ramami naszych słabości. Aby to przezwyciężyć, powinniśmy nasze działania głęboko zakorzenić w duchowym zrozumieniu. *Kali Juga*[7] jest erą działania. Podejmowanie działań z silnym postanowieniem osiągnięcia duchowego celu jest najwyższym aktem wyrzeczenia i ascezy, jakiego można dokonać podczas *Kali Jugi*. To pomaga nam inteligentnie odpowiadać na sytuacje życiowe, zamiast reagować na nie emocjonalnie. W istocie, naszym życiem zaczyna kierować *Viveka* [umiejętność właściwego rozróżniania].

Przytoczmy słowa Swamiego Vivekanandy: „Ten, kto nie wierzy w samego siebie, jest ateistą. Wierzyć w siebie, znaczy wierzyć w nieograniczoną moc Jaźni wewnątrz nas".

Istnieją trzy przejawy miłości, które budzą wewnętrzną moc: miłość do siebie samego, miłość do Boga i miłość do całego stworzenia. Miłość do siebie nie oznacza skupionej na

---

[7] Kali Juga jest jednym z czterech cyklicznych okresów, zwanym „epoką materializmu", kiedy *dharma* nie jest powszechnie praktykowana.

własnej osobie egoistycznej miłości. Znaczy, kochać życie – zobaczyć sukces i porażkę oraz narodziny człowieka, jako Boże błogosławieństwo, miłować naszą wewnętrzną boską moc. Rozwijanie takiej postawy prowadzi do wielbienia Boga. Jeśli są obecne te dwa rodzaje miłości, trzeci – umiłowanie całego stworzenia – przejawi się w sposób naturalny.

Zarówno nasze dobre, jak i negatywne cechy mają swe źródło w naszym domu rodzinnym. Prawie wszystko, co wpływa na psychiczne zdrowie dziecka, pochodzi z jego rodzinnego otoczenia. Kiedy dziecko osiągnie osiem czy dziewięć lat, podstawy jego mentalnego rozwoju są już ugruntowane w 70 procentach. Nawet, jeśli ktoś dożyje 80 lub 90 lat, to już jako dziesięciolatek nauczył się najważniejszych lekcji. Pozostałe 30 procent zdobywa później, na bazie rozwiniętych w dzieciństwie mocnych i słabych stron. Aby zbudować ogromny wieżowiec, należy wylać solidne fundamenty. Dojrzałość jest, w rzeczywistości, zdolnością uczenia się przez całe życie. Nie przychodzi z wiekiem, lecz jest wynikiem bezinteresownej i pełnej akceptacji postawy całkowicie wolnej od uprzedzeń.

Każdego dnia w medycynie opracowywane są nowe technologie i wykrywane nieznane dotąd choroby. Z tego powodu, lekarz musi stale śledzić najnowsze wyniki badań naukowych. Nie może powiedzieć: „No cóż, tak było 20 lat temu; teraz nie może być inaczej".

Prawdą jest, że jeżeli chcemy osiągnąć materialne cele, musimy najpierw zebrać dane dotyczące świata zewnętrznego. Jeśli jednak opieramy swoje życie wyłącznie na tego typu informacjach, to nasze ego rośnie. Współczesne życie, szczególnie młodego pokolenia, wypełnia nadmiar zbędnych informacji. Nasza młodzież wierzy jedynie w ciało i umysł. Takie myślenie sprawia, że ludzie żyją mechanicznie i egoistycznie. Faktem jest, że obecnie, dzięki technologii informatycznej, nasza młodzież wie o świecie więcej niż dorośli.

Chcąc porozmawiać na osobności ze swoim synem – uczniem siódmej klasy – ojciec zaprosił go do swojego pokoju i zamknął drzwi. Patrząc synowi w oczy powiedział:

Synu, masz 12 lat. Kiedy czytam i słyszę, co wyczyniają dzieci w twoim wieku, przewraca mi się w żołądku. Dlatego chciałbym porozmawiać z tobą o niektórych aspektach życia.

Bez chwili namysłu, syn odpowiedział: Jasne, tato, a co chciałbyś wiedzieć? Powiem ci wszystko.

Starożytni *ryszi* uświadomili sobie na podstawie własnego doświadczenia, że podłożem wszelkiej wiedzy jest czysta świadomość wewnątrz nas. Trzeba to zrozumienie połączyć harmonijnie z odkryciami nowoczesnej nauki. Młode pokolenie powinno pojąć tę konieczność. W przeciwnym wypadku, kraj, który jest kolebką duchowości, zostanie zmuszony być świadkiem pokolenia, które wierzy, że życie to tylko seks, narkotyki i pieniądze.

Swami Vivekananda powiedział: „Bardzo kochałem swoją ojczyznę, jeszcze zanim udałem się do Ameryki i Anglii. Od kiedy wróciłem, każda grudka tej ziemi jest dla mnie święta". Po niedawnym zdarzeniu[8], które miało miejsce w Delhi, wielu Hindusów wstydzi się swojego pochodzenia. Nasze wartości, nasze poczucie

---

[8] Amma odnosi się tu do brutalnego zbiorowego gwałtu dokonanego w grudniu 2012 roku, w Delhi, w wyniku którego zmarła 23-letnia studentka.

dharmy, poświęcenie i współczucie naszych świętych i mędrców – są tym, co Swami Vivekananda tak bardzo cenił w swojej ojczyźnie. Dla przeciętnego człowieka całym jego światem jest dom, żona i dzieci. Ci zaś, którzy pragną ofiarować swoje życie służeniu, przekraczają te ograniczenia i poświęcają życie służbie dla ojczyzny. Ci, którzy wspięli się na szczyt duchowości i ugruntowali się w *adwajcie*[9], postrzegają jako własną nie tylko swoją rodzinę, lecz całe stworzenie. Dla nich nie ma różnicy pomiędzy niebem a piekłem. Tacy ludzie przekształcają piekło w raj. Taka wizja jedności jest drogą do pozytywnej zmiany.

Uniwersytet zarządzany przez *aszram*[10] Ammy ma pięć kampusów. Grupa studentów powiedziała kiedyś Ammie, że nie chce już nosić szkolnych mundurków. Amma zapytała: „Czy prawdziwym celem edukacji jest zdobycie

[9] Adwajta - dosł. 'nie-dwa', „nie-dwoistość". Zrozumienie, że jednostka, Bóg i wszechświat są "nie dwoma", lecz stanowią jedność.

[10] Wspólnota duchowa, gdzie poszukujący (najczęściej pod opieką guru lub linii przekazu) zajmują się duchowymi praktykami, studiowaniem świętych pism oraz pracą na rzecz wspólnoty.

dyplomu, dobrej pracy i zarabianie wielkich pieniędzy? Nie. Celem jest zdobywanie wiedzy oraz rozwijanie wartości, a także współczującej postawy wobec wszystkich". Następnie przytoczyła studentom kilka przykładów tego, co wydarzyło się w szkołach wyższych zarządzanych przez instytucje niewymagające noszenia szkolnych mundurków. W jednej z takich szkół wielu studentów zmuszonych było zaciągnąć duże kredyty, żeby kontynuować naukę, więc dysponowali oni bardzo ograniczonym budżetem. Widząc kolegów z klasy w drogich i modnych ubraniach, sami zapragnęli takie mieć. Kompleks niższości, spowodowany brakiem drogich ubrań, pchnął niektórych studentów do próby zarobienia pieniędzy na handlu narkotykami, które usiłowali sprzedawać nawet kolegom z klasy. Wielu z nich uzależniło się od narkotyków. Niektórzy dopuszczali się kradzieży, inni nawet popełnili samobójstwo.

Bardzo biedny student z pewnego uniwersytetu, desperacko pragnący przynależeć do grupy swoich kolegów, napisał do Ammy rozpaczliwy list z więzienia. Wyznał w nim, że próbując ukraść kobiecie złoty naszyjnik, w trakcie zdarzenia niechcący ją zabił.

Amma zapytała studentów: „Powiedzcie mi teraz, czy chcecie stwarzać sytuacje, w których inni studenci mogą dokonywać złych wyborów, czy raczej wolelibyście nosić mundurki?". Zdając sobie sprawę z wagi poszanowania uczuć kolegów, studenci jednogłośnie postanowili, że jednak wolą nosić mundurki.

Potrzebujemy dostrzec jedność kryjącą się poza wszelkimi różnicami. To nam pomoże. Mimo że widzimy tysiąc słońc odbijających się w tysiącu garnków wody, jak w zwierciadłach, to słońce jest tylko jedno. Kiedy zobaczymy, że w każdym z nas jest jedna i ta sama świadomość, będziemy zdolni wznieść umysł do stanu, w którym potrzeby innych przedkłada się nad własne. Na przykład, myślimy o kupnie zegarka, ale zarówno ten za 50 rupii, jak i ten za 50.000, wskaże tę samą godzinę. Jeśli kupimy tańszy zegarek, a zaoszczędzone pieniądze przeznaczymy na pomoc potrzebującym, będzie to z wielką korzyścią dla społeczeństwa.

Wszystko we wszechświecie żyje i posiada świadomość. Jak możemy udowodnić tę wielką prawdę? Nie zrobimy tego przy pomocy języka, ani rozumu, ani intelektu – one bowiem są ograniczone. Miłość jest zarówno najstarszym, jak i najnowszym światłem przewodnim. Jedynie miłość jest w stanie wznieść ludzki umysł z najniższego poziomu do bezkresnego królestwa Jaźni. Ponadto, miłość jest jedynym językiem, który jest zrozumiały dla wszystkich stworzeń; jest uniwersalnym językiem serca.

„Miłość", „błogosławieństwo", „łaska" i „współczucie", wszystkie one są synonimami Boga. Te wartości nie są różne od Boga, stanowią z Nim jedność. Łaska i błogosławieństwo są wszechprzenikające. Kiedy wypełniamy naszą *dharmę* z radością i otwartym sercem, moc i łaska spływają na nas.

Ryba pływająca beztrosko w morzu nie pamięta o oceanie, jednak wyrzucona na gorący piasek wybrzeża natychmiast sobie o tym przypomina. Nie istnieją lądy leżące poza Bogiem, na które możemy zostać wyrzuceni, ponieważ Bóg jest bezkresnym oceanem, bez żadnych ograniczeń. Każdy z nas jest falą tego oceanu. Tak jak w przypadku oceanu, fale i woda są jednością, tak i my jesteśmy jednością z Bogiem. Jesteśmy uosobieniem Boga.

12 demons human beings. Every day we hear of incidents that are tarnishing the name of our eternal culture— our culture that teaches us to revere all women as mothers, as goddesses, as close friends to whom we can open our hearts.

Asury [istoty demoniczne] to ci, którzy spadli z królestwa *dewów* [istot niebiańskich[11]], gdyż utracili *vivekę* [umiejętność właściwego rozróżniania]. Obecnie człowiek, będący uosobieniem Boga, postępuje jak *asura*. Wiele przeszłych, i jeszcze więcej aktualnych wydarzeń potwierdza, że *asury* przychodzą na świat jako ludzie. Codziennie słyszymy o wydarzeniach, które bezczeszczą imię naszej odwiecznej kultury – kultury, która uczy nas czcić kobiety jako matki, boginie, bliskie przyjaciółki, przed którymi możemy otworzyć nasze serca. Czyż okrucieństwo, jakiego dopuszczono się niedaw-

---

[11] W tradycji hinduskiej zarówno istoty niebiańskie, jak i demoniczne, przynależą do świata *samsary* - kołowrotu wcieleń determinowanych przez naszą *karmę*, w który popadają różne istoty (przez swoją niewiedzę) do czasu, aż się wyzwolą (osiągną *nirwanę*). Tutaj niebo nie jest adekwatnym odpowiednikiem chrześcijańskiego raju.

no w Delhi, nie jest wytworem demonicznych umysłów? Nie było okresu w historii dziejów, by społeczeństwa, w których nie szanowano kobiet, kiedykolwiek rozkwitały. Takie społeczeństwa upadały. Jeśli spojrzymy na *Ramajanę* lub *Mahabharatę* [wielkie starożytne epopeje indyjskie] lub choćby na ostatnie 1000 lat historii świata, zobaczymy, jak olbrzymie mocarstwa i mężni władcy upadali, ponieważ nie szanowali ani kobiet, ani macierzyństwa.

o

Ta ziemia była świadkiem *maha-tyaga*, *tapas* i *danam* czynionych przez naszych *ryszich* – ich wielkiego wyrzeczenia, ascezy i miłosierdzia. Najwyższy czas, żeby obywatele Indii zmienili sposób myślenia. Dalsza zwłoka doprowadzi do katastrofy.

Kiedy dziecko przechodzi przez wszystkie etapy rozwoju – próbuje przewrócić się na brzuszek, uczy raczkowania, zaczyna chodzić, itd. - przypomina żołnierza, który nigdy się nie poddaje. Jednak dziś, zanim jeszcze dorośnie, wkroczy w wiek średni, zostanie emerytem – zaczyna kalkulować jak biznesmen. Podchodzi do wszystkiego, nawet relacji z innymi ludźmi,

42

jak do transakcji biznesowej. Kto za to odpowiada? Nasze społeczeństwo, nasi rodzice, dziadkowie, nasz system edukacyjny oraz to, że ślepo naśladujemy innych, a także nasz sposób życia pozbawiony szacunku dla indyjskiej kultury. Wszystko to jest przyczyną lęku, niepokoju i tchórzostwa. Ludzkość zatraca zdolność widzenia życia jako przygody albo wyzwania, do których należy podejść z odwagą. Umysł staje się niezdolny, aby wziąć pod uwagę istnienie innych, łącznie z ich uczuciami.

Na tej planecie żyje siedem miliardów ludzi. Jednak prawie nikt nie myśli o innych. Prawdziwa przyjaźń, prawdziwa rodzina, jedność – nie istnieją. Każdy zachowuje się jak szalejący dziki słoń, który oddalił się od stada.

W *Sanatana Dharmie* [Odwiecznej Drodze Prawości] Stwórca i całe stworzenie nie są dwoma, lecz jednym. Tak jak nie ma różnicy między złotem, a złotą biżuterią, tak też nie ma różnicy między Stwórcą – Bogiem, a całym stworzeniem – światem. Skutek nie może być nigdy różny od przyczyny, która jest jego podstawą. *Sanatana Dharma* jest jedyną filozofią, która uczy nas widzieć *narę* [człowieka] jako *Narajanę* [Boga]

– postrzegać ludzi jako ucieleśnienie Boga. Jest to jedyna religia, która jako Boga czci nawet *nirgunę*[12], bezpostaciowy aspekt Absolutu. Niezależnie od tego, jak daleko znajduje się ukochana mężczyzny, on czuje ogromną radość, patrząc na podarowaną mu przez nią chusteczkę. To nie materiał i nie haft na chusteczce go cieszy; cieszy go wspomnienie ukochanej. Podobnie i my, bez względu na to, jak wyobrażamy sobie postać Boga, możemy odczuwać Jego pełną miłości obecność.

Posiadamy długą tradycję szanowania i wielbienia natury oraz wszystkich żyjących istot. Nasi przodkowie budowali święte przybytki i czcili drzewa, ptaki, a nawet jadowite węże. Mimo że pszczoła jest malutka, to bez tego maleńkiego stworzenia zapylanie kwiatów nie byłoby możliwe i wyginęłyby wszystkie gatunki. Jeśli silnik samolotu przestanie działać, samolot nie zdoła nawet wystartować. Tak naprawdę, brak choćby jednej istotnej śrubki

---

[12] Nieobjawiony; pozbawiony wszelkich atrybutów, cech. Termin używany na określenie Absolutu, który nie ma żadnych cech materialnych (osobowych). (przyp. tłum)

może przynieść ten sam skutek. Czy zatem możemy wyrzucić taką śrubkę, twierdząc, że – w porównaniu z silnikiem – jest zaledwie małym nieważnym przedmiotem? W rzeczywistości, wszystko ma swoją określoną funkcję i znaczenie. Nie ma rzeczy nieistotnych.

Matka Natura, która od dawna obsypywała nas błogosławieństwami, jak krowa spełniająca życzenia (*kamadenu*), stała się obecnie podobna do starej, wychudzonej krowiny.

Ideę ochrony środowiska uważa się dziś za nowoczesną. To ironia, ponieważ od dawien dawna ochrona środowiska jest częścią naszej kultury. Jedyna różnica polega na tym, że wówczas czciliśmy przyrodę, postrzegając całe stworzenie jako część Boga. Później uznaliśmy tego typu myślenie za prymitywne i przestaliśmy chronić naturę. Dzisiaj naszej ochronie środowiska brakuje szacunku, który dawniej był jej podstawą. Dlatego wszystkie nasze wysiłki w tym zakresie kończą się niepowodzeniem.

Na dachu budynku rozmawiały ze sobą dwa ptaki. Jeden zapytał drugiego:

- Gdzie jest twoje gniazdo?

- Nie mam jeszcze ani gniazda, ani rodziny. Nie jestem w stanie zebrać wystarczającej ilości nektaru z kwiatów, abym mógł się nasycić. Kilka dni temu, kiedy poszukiwałem pożywienia, przed jednym z domów odkryłem piękny ogród. Podekscytowany, sfrunąłem na dół. Dopiero, gdy znalazłem się w pobliżu ogrodu, uświadomiłem sobie, że był sztuczny. Wszystkie kwiaty okazały się plastikowe. Innego dnia odkryłem kolejny kolorowy ogród. Kiedy jednak próbowałem wypić nektar z jednego z kwiatów, uszczerbiłem sobie dziób. Kwiat był ze szkła! Wreszcie, pewnego dnia znalazłem prawdziwy ogród pełen pięknych kwiatów. Bardzo wygłodniały, pofrunąłem w dół, lecz natychmiast się zatrzymałem, kiedy zobaczyłem mężczyznę opryskującego ogród chemicznymi nawozami i pestycydami. Przecież mogłem umrzeć! Rozczarowany opuściłem ogród. Niewiele jest teraz kwiatów, a te, które pozostały, są właśnie takie! Jak więc mogę mieć nadzieję, że kiedyś zbuduję gniazdo i założę rodzinę? Czym bym wykarmił pisklęta?

Słysząc jego skargę, pierwszy ptak przyznał: - Masz absolutną rację. Od wielu dni próbuję zbudować gniazdo, lecz nie mogę znaleźć żadnych gałązek. Liczba drzew maleje. Jeśli tak dalej pójdzie, będę musiał zbudować swoje gniazdo z kawałków plastiku i żelaza.

Nasze położenie jest równie żałosne, jak tych dwóch małych ptaków. Nie wystarczy mieć dzieci; musimy jeszcze zapewnić im przyszłość. W ciągu ostatnich 25 lat zniszczyliśmy 40 procent naszych lasów. Ilość dostępnego paliwa i pitnej wody stale się zmniejsza. To nasze dzieci oraz ich dzieci dotkliwie odczują skutki tego problemu. Powinniśmy to sobie uświadomić, obudzić się i działać. Nasza młodzież powinna stać na czele kampanii na rzecz ochrony wód, energii i lasów.

Pożądanie jest jak głód i doświadczają go wszyscy. W przeszłości jednak ludzie wiedli życie głęboko zakorzenione w duchowych wartościach, dlatego potrafili kontrolować pożądanie. Kiedy Amma była dzieckiem, Damajanti Amma (matka Ammy) pouczała ją: „Nigdy nie siusiaj do rzeki. Rzeka jest uosobieniem Devi [Boskiej Matki]". Kiedy pływaliśmy w wodach pobliskiego kanału, pamiętaliśmy o słowach Damajanti Ammy i potrafiliśmy powstrzymać parcie, chociaż woda była zimna. Kiedy rozwiniemy w sobie postawę szacunku wobec rzeki, nigdy jej nie zbezcześcimy. Niestety, współczesne społeczeństwo jest pozbawione takich wartości. Wydarzenie, jakie miało miejsce ostatnio w Delhi, jest tego dowodem.

Dzisiejsza młodzież spędza wolny czas na poszukiwaniu pornografii w Internecie. To jest jak dolewanie oliwy do ognia; tylko zwiększa pożądanie. Kilku nastolatków powiedziało Ammie, że po obejrzeniu takich materiałów mieli nieczyste myśli, nawet wobec swojego rodzeństwa! Tracą oni swoją *Vivekę* [umiejętność właściwego rozróżniania]. Ich stan jest podobny do kondycji pijanej małpy, która została ukąszona przez skorpiona, a potem uderzona w głowę przez spadający kokos. Położenie współczesnej młodzieży przypomina sytuację rakiety złapanej w pole grawitacyjne Ziemi. Żeby się uwolnić od tego przyciągania, potrzebujemy rakiety nośnej, którą są duchowe wartości.

Tak jak rodzice upominają swoje dzieci, mówiąc: „Dosyć tej zabawy, do nauki!", powinni też nalegać, aby dzieci starały się rozwijać szlachetne wartości. Kiedy dzieci są małe i podatne na wpływy, wówczas matki powinny stanowczo wpajać swoim córkom: „Musicie być

nieustraszone. Nigdy nie pozwólcie, aby kto-
kolwiek was tłamsił. Powinnyście rozwijać moc
serca". Podobnie, swoim synom rodzice także
powinni zaszczepiać konieczność, zarówno
chronienia, jak i szanowania kobiet. W naszych
czasach wielu mężczyzn przypomina wąskie
jednokierunkowe ulice, a powinni stać się jak
autostrady, żeby kobiety również mogły kroczyć
naprzód razem z nimi. Rząd może zmieniać tyle
ustaw, ile zechce i uchwalać tak srogie kary za
przestępstwa na tle seksualnym, jakie tylko są
możliwe. Jeśli jednak w wychowaniu naszych
dzieci pominiemy te szczytne wartości, nigdy
nie dokona się prawdziwa przemiana. Rząd
powinien zwołać obrady, żeby ustalić najlepsze
sposoby ochrony podatnej na wpływy młodzieży przed zagrożeniami pornografią z Internetu.

Dawniej, studentów wszystkich szkół obo-
wiązywała określona ilość godzin pracy spo-
łecznej. Amma uważa, że ta praktyka powinna
być przywrócona. Gdyby nasze szkoły organi-
zowały akcje sprzątania środowiska i sadzenia
drzew, choćby dwa razy w tygodniu, problem
zanieczyszczenia środowiska byłby w znacz-
nym stopniu złagodzony. Uczniowie powinni

otrzymywać oceny za tego rodzaju sesje. W ten sposób moglibyśmy rozwijać w naszych dzieciach świadomość służenia społeczeństwu, kiedy są w tak podatnym na nauczanie wieku.

Obecnie, religia stała się jeszcze jednym towarem sprzedawanym na rynku. „Ta religia jest dobrej jakości, a tamta złej" – tak nią handlują niektórzy ludzie. To tak, jakby ktoś powiedział: „Moja matka jest święta; a twoja to ladacznica". Religia nie powinna wznosić murów, lecz budować mosty i zbliżać do siebie nieprzyjazne ugrupowania. Aby uczynić to możliwym, wszyscy powinniśmy starać się zrozumieć głębsze zasady religii, czyli przesłanie miłości i współczucia. Dlatego życie i nauki Swamiego Vivekanandy powinny stać się inspiracją dla nas wszystkich.

Na koniec, Amma pragnie zasugerować coś, co byłoby pomocne naszemu społeczeństwu. Podobnie, jak absolwenci szkół medycznych muszą przez rok odbywać bezpłatną praktykę na wsi, tak przynajmniej jedno dziecko z każdej rodziny powinno po ukończeniu szkoły pójść w ich ślady. Finansowane byłoby to z dotacji rządowych. Młodzi ludzie, żyjąc między ubogimi, mogliby zrozumieć problemy, z jakimi ci się borykają. Mieliby wówczas szansę znaleźć dla nich pomocne rozwiązania. W ten sposób możemy rozbudzić współczucie w naszej młodzieży, podnieść ubogich na duchu, a nasz kraj będzie miał szansę wszechstronnie się rozwijać. Gdyby emeryci również poświęcili rok służąc ubogim, miałoby to jeszcze większy wpływ na rozwój naszego kraju.

Jeśli realnie się nad tym zastanowić, to czy istnieje różnica między ludźmi, a robakami? Robaki również jedzą, śpią, wydalają, mają potomstwo, i w końcu umierają. Czy po otrzymaniu tak cennego daru, jakim jest ludzkie życie, robimy coś więcej niż robaki? Nie. Nie tylko nie czynimy nic więcej, lecz wskutek negatywnych emocji, takich jak złość, zawiść i nienawiść, tworzymy nowe *wasany* [negatywne tendencje]. Robaki przynajmniej tego nie robią. Warto się nad tym zastanowić.

Powinniśmy żyć tak, aby nasze życie było użyteczne dla nas i dla innych. Bóg dał błyskawicy tylko chwilę istnienia. Tęczy także. Niektóre kwiaty zakwitają tylko na jeden dzień. Pełnia księżyca trwa jedynie do wschodu słońca.

Motyl żyje tylko przez kilka dni. Jednak, choć ich życie trwa krótko, przynoszą światu tyle piękna i szczęścia. Amma modli się, żebyśmy nauczyli się tego na ich przykładzie i postarali wykorzystać nasze życie, by uczynić ten świat jeszcze piękniejszym.

Umalujmy nasze usta słowami prawdy. Podkreślmy oczy *andżanam*[13] współczucia. Przyozdóbmy ręce henną dobrych uczynków. Pobłogosławmy nasze umysły słodyczą pokory. Napełnijmy serca światłem miłości do Boga i do Jego wszelkiego stworzenia. W ten sposób możemy przemienić ten świat w niebo.

Indie muszą się podnieść. Głos mądrości, samourzeczywistnienia i odwieczne słowa naszych *ryszich* [starożytnych mędrców] powinny znów rozbrzmiewać na całym świecie. Aby to osiągnąć, musimy współpracować w jedności. Niech kraj, który nauczył świat prawdziwego znaczenia akceptacji, pozostanie mocno zakorzeniony w tej wartości. Niechaj donośny dźwięk odrodzonej na nowo *Sanatana Dharmy [Odwiecznej Drogi Prawości]* rozbrzmiewa echem na całym świecie. Swami Vivekananda

---

[13] Specyfik służący do podkreślenia oczu.

był jak tęcza, która ukazała się na horyzoncie ludzkości, by pomóc nam zrozumieć piękno i wartość życia, w którym działanie połączone jest ze współczuciem i medytacją. Niech piękne marzenie Swamiego Vivekanandy o miłości, odwadze i jedności stanie się rzeczywistością. Niech *Paramatman* [Najwyższa Dusza – Bóg] natchnie każdego z nas mocą, abyśmy mogli osiągnąć ten cel.

CPSIA information can be obtained
at www.ICGtesting.com
Printed in the USA
LVOW10s0106130318
569660LV00020B/1454/P